MÁS A

MW01269015

CALES LOUIMA

Nombre del libro: Más Allá del Arte
Autor: Cales Louima
Edición y corrección de estilo: Luisa Artiles
Revisión editorial: Vivian Jiménez
Fotografía: Eddy Rosario
Diseño de portada: Jonat Design
Diseño y diagramación: Luisa Artiles
Casa Editorial: ERAS Disgraf, Llc. | MDConexiones
New York, NY | Miami, Florida
ISBN - Libro Amazon impreso: 978-1-5136-9798-7
ISBN - Libro Amazon Kindle: 978-1-5136-9799-4
Distribución mundial.

Copyright ©2023 • Cales Louima.
Todos los derechos reservados.

Reservados todos los derechos. No se permite la reproducción
total o parcial de esta obra ni su incorporación a un sistema in-
formático ni su transmisión en cualquier forma o por cualquier
medio (electrónico, mecánico, fotocopia, grabación u otros) sin
autorización previa y por escrito de los titulares del copyright.
La infracción de dichos derechos puede constituir un delito
contra la propiedad intelectual.

Contacto: Cales Louima
Email: shekinnahministry@gmail.com
Facebook: Cales Louima Ministerio
Instagram: Cales Louima
Youtube: Cales Louima

CALES LOUIMA

"No podemos vencer desde el lugar de autoridad que nos ofrece este mundo, sino, desde el lugar de autoridad que se encuentra en la intimidad".

Cales Louima

Cales Louima

Desde los 10 años descubrí mi pasión por la música, pero no fue sino a partir de los 17 que, a través de un encuentro con Jesús, entendí que más allá del talento, del don de la música y el canto, se encuentran mi origen y mi esencia.

Fui creado para la alabanza de su gloria (Ef. 1:12 RVR60). Estoy convencido de que la adoración no es un estilo de vida, sino lo que soy para Dios.

Por eso quiero entregarte a través de cada enseñanza recibida del Señor y de personas que fueron instrumentos de bendición para mi despertar, el deseo y anhelo de ser más que un cantante o adorador, ser adoración a Dios.

Hoy, en nuestras iglesias, la mayoría de los mensajes están centrados en temas no enfocados en la adoración, en conocer la importancia de esta y de la alabanza, dice la escritura en Hechos 15:15-17, y con esto concuerdan las palabras de los profetas:

16 Después de esto volveré y reedificaré el taber-
náculo de David, que está caído; y repararé sus
ruinas, y lo volveré a levantar.

17 Para que el resto de los hombres busque al
Señor, y todos los gentiles, sobre los cuales es invo-
cado mi nombre.

Hechos 15:15-17 (RV60).

En este tiempo oro al Señor para que este libro traiga luz y respuestas a tus interrogantes.

Gracias de todo corazón...

A Dios, por guardarme con su gracia y regalarme el propósito de adorarle.

A Luisa, mi esposa y compañera fiel, en la visión que Dios me ha entregado para esta generación, gracias por impulsarme a creer. A mi hija, Cielo Elizabeth, gracias por inspirarme a darlo todo por Dios.

A Claridania, por su apoyo incondicional, a mis pastores José Ernesto y Vinkgrid Zabala, por haberme mostrado el camino para encontrar el corazón adorador que estaba en mi, y con ello a cada pastor amigo que ha creído en la porción que Dios me ha entregado.

A mi increíble banda y equipo de trabajo, uno de los regalos más hermosos que Dios me ha dado. Contar con ustedes ha sido un viaje maravilloso, gracias por su milla extra y su apoyo.

*Gracias a ti que me lees... porque decidiste creer que existe algo **más allá del arte.***

Tu nivel de gratitud define
tu vida de adoración.

Índice

Respeto la ola, pero
valoro mi esencia.

Prólogo

Como cada domingo en la mañana, sentada y con los pár-
pados cerrados para que nada pudiera robar mi atención,
después de un tiempo de adoración abrí mis ojos para ver
a un invitado al servicio de esta. Era un joven de tez oscura,
delgado y tímido. Lo miré y escuché una dulce voz que me
dijo: **"Lo traje aquí porque este es el lugar donde seguiré
formándolo y tú me ayudarás a hacerlo"**. Rápidamente ex-
presé: "No, estas son cosas de mi imaginación" y me eché a
reír, pero cuando comenzó a cantar y sentí la fuerza de su
voz, dije: **"WOW"**.

Entonces, nuevamente escuché esa dulce voz que me mani-
festó: "Quiero ahora que descubras y saques la fuerza de su
corazón". Entonces, entendí que era en serio y un reto para
mí. Sin embargo, pienso que Cales es como un diamante en la
mina, que solo necesitaba que lo tomaran y colocaran donde
pudiera ser apreciado. Al inicio, no fue fácil. Había obstácu-
los, pero sabía que el Espíritu Santo trabajaba en él.

Es como una esponja que absorbe cada enseñanza con hambre de Dios. Al conectarlo con la verdad de la palabra del Creador, el mismo Espíritu Santo comenzó a sanar y transformar ese bello corazón.

La Biblia dice que conoceremos la verdad y la verdad nos hará libres y así es. Creo que Cales ha sido levantado en este tiempo para liberar a una generación de adoradores a través de la verdad y la revelación de la palabra de Dios, una generación que adorará al Padre en Espíritu y en Verdad.

Sé que si tienes este libro en tus manos y lo estás leyendo es porque el Espíritu Santo te está llamando a elevarte a su trono con las dos alas de la paloma: oración e intercesión, y alabanza y adoración.

Vingrik Zabala - Pastora
Comunidad Cristiana La Barca (CCB)

Alabanza y Adoración

¿Es inútil el talento que hemos recibido de parte de Dios?

Alabanza y Adoración

"...es tu Dios, el único digno de tu alabanza, el que ha hecho los milagros poderosos que viste con tus propios ojos". (Deuteronomio 10:21 - NTV).

Definir **adoración y alabanza** se ha convertido en algo muy personal. Cada quien tiene distintos conceptos, aunque no se separan de la fuente, que es la escritura. Hoy defino la alabanza de la siguiente manera: "Es la confesión continua de los nombres de Dios". (Hebreos 13:15 RV60).

Es nuestra expresión de gratitud por sus obras: milagros, proezas y maravillas que nos llevan a exaltar la grandeza de sus nombres. Es una fuente que fluye desde nuestro interior, que llena nuestra boca todo el día, porque nuestros ojos ven su poder y fidelidad.

"Sea llena mi boca de tu alabanza, de tu gloria todo el día". (Salmos 71:8).

"Y mi lengua hablará de tu justicia y de tu alabanza todo el día". (Salmos 35:28).

La adoración es nuestra respuesta a lo que valoramos, una expresión de gratitud por lo que Él es, un acto de amor de Jesús en nosotros. Es su contestación a nuestra invitación. Es Él en nuestra casa espiritual. Somos adoración a Él, literalmente.

Yo también tengo mi propio concepto de la adoración. La defino de la siguiente manera: es nuestra respuesta a lo que más valoramos, una expresión de gratitud a Dios por quien Él es.

La palabra alabanza está claramente definida en la Biblia de la siguiente manera: Así que, ofrezcamos siempre a Dios, por medio suyo, sacrificio de alabanza, es decir, fruto de labios que confiesan su nombre. Hebreos 13:15 (RV60).

En otras palabras, alabar a Dios es nuestra respuesta de gratitud a Él por lo que ha hecho. Cada vez que emitimos palabras que nos recuerden las proezas, milagros y prodigios que ha hecho en nuestras vidas, simplemente estamos alabando "frutos de labios".

Una vez definidas "alabanza y adoración" nos empezamos a dar cuenta de que ninguno de esos dos conceptos tiene nada que ver con el arte. Ahora bien, ¿es inútil el talento que hemos recibido de parte de Dios? Absolutamente no, pues es con ellos como podemos expresarle al mundo que fuimos hechos para la alabanza y la adoración. El peligro está en depender totalmente de nuestros talentos y olvidarnos del carácter que debemos desarrollar en nuestro caminar con Dios.

> *Salmos 100:4 dice: "Entrad por sus puertas con acción de gracias, por sus atrios con alabanza; alabadle, bendecid su nombre".*

La alabanza afirma las obras poderosas de Dios y la adoración, su presencia. La adoración causa que Dios se revele. La alabanza lo atrae. La adoración hace que Él se quede. Cuando alabamos su presencia desciende, pero cuando adoramos, Él hace de nosotros su morada. La alabanza son canciones y palabras que agradan a Dios, la adoración es una vida que lo honra. La alabanza son frutos de labios que confiesan su santo nombre reconociendo todos sus atributos, en tanto que la adoración es humillación.

La alabanza es magnificencia; la adoración es obediencia. La alabanza es cantar su palabra; la adoración es vivir su palabra. La alabanza es una declaración; la adoración es una convicción.

La alabanza ahuyenta a los enemigos; la adoración conquista el corazón de Dios. La alabanza me mantiene de pie, sea cual sea mi situación; la adoración me mantiene de rodillas ante la presencia de Dios.

Alabanza es expresión; adoración es compromiso. La alabanza hace temblar al adversario; la adoración me hace temblar delante de Dios.

La alabanza es exaltación; adoración es revelación. En la alabanza Dios se levanta; en la adoración yo muero en mí mismo. Alabamos con canciones; adoramos con nuestra vida. Si alabamos en esta vida, adoraremos en la eternidad.

Recuerdo que al principio de mi caminar con Dios, todo lo que sabía de una vida de devoción a Él a través de la adoración consistía en cantar y permitir que el pueblo disfrutara de un momento agradable en cada reunión.

Pero un día, mi voz no estaba dentro de sus parámetros normales debido a una fatal disfonía. Me preocupé, como cualquier cantante ante una situación como esa.

A medida que la programación avanzaba, más me preocupaba e intentaba permanecer en silencio para que no empeoraran las condiciones de mi voz y cantar igual que siempre. Créeme, por más que lo intenté, no lo logré. Subí al escenario y ese día adoré con el corazón, ya que mi voz no funcionaba.

Nunca pensé que ocurrirían tantas cosas maravillosas en aquella reunión. Ese día hubo sanidades, milagros y prodigios, y yo me preguntaba en mi mente: "¿Señor, qué es esto?".

Y su respuesta fue muy simple, pero cortante: **"Tu mejor arma no son las notas bien afinadas que puedas emitir con tu voz, sino un corazón dispuesto a perderlo todo con tal de agradarme".** A decir verdad, nunca podremos hacer nada para impresionar a Dios, ya que es Él quien ordena nuestros pasos.

Aunque ese momento previo a mi participación haya sido una agonía, sin duda alguna allí conocí a Dios y entendí que por encima de las capacidades que pueda tener alguien, Él disfrutará siempre de corazones quebrantados sin miedo a ser juzgados por el hombre.

"Tu mejor arma no son las notas bien afinadas que puedas emitir con tu voz, sino un corazón dispuesto a perderlo todo con tal de agradarme".

Dios

En el mundo natural tocamos los instrumentos y cantamos, pero en el mundo espiritual, Dios nos usa como instrumentos y su espíritu canta a través de nosotros.

Aclaro que no te estoy invitando a esperar la disfonía para adorar con el corazón, es más bien una exhortación a que, en medio de esta, dejes que tu corazón entone las mejores notas que perfumen el trono de Dios.

Una adoración genuina comienza cuando entendemos que somos más de lo que hacemos, que nuestro mayor deleite debe ser simplemente estar donde nuestro amado esté.

Sabemos lo que somos cuando en la intimidad Dios se nos revela...

El carácter de
Dios en nosotros
nos exige que
optemos, con
plena conciencia,
por dejarnos
transformar por
el Espíritu Santo.

II

Talento vs. Carácter

Nuestra relación con el Eterno
debe de ser un diálogo,
en lugar de un monólogo.

Talento vs. Carácter

El talento = al don y el carácter = al fruto.

> *"Porque el reino de los cielos es como un hombre que, yéndose lejos, llamó a sus siervos y les entregó sus bienes. A uno dio cinco talentos, y a otro dos, y a otro uno, a cada uno conforme a su capacidad; y luego se fue lejos". (Mateo 25:14-15).*

Los talentos son habilidades que podemos potencializar dependiendo de nuestra capacidad. Son como los regalos que se colocan debajo del árbol de Navidad para cada miembro de la familia. En cambio, el carácter es igual a fruto.

En la manifestación de la vida de Cristo formada en nosotros, es el maestro quien nos trae lo eterno. Ese es el producto de nuestra intimidad con el Espíritu Santo, el fruto que produce el árbol de vida en nosotros.

Por eso, tu talento te puede llevar donde el carácter te puede sostener.

Analizándolo con un poco más de profundidad, nos damos cuenta de por qué razón ninguno puede estar sin el otro.

El talento, definiéndolo de forma llana, es la capacidad intelectual o aptitud especial que una persona tiene para aprender las cosas con facilidad o para desarrollar con mucha habilidad una actividad.

Mientras mejor demostremos nuestro talento, más personas nos van a aplaudir. Eso contribuye a crear un carisma que generará en la gente apreciación y deleite cuando nos vea.

Por otra parte, está el carácter cristiano, que se basa en nuestro concepto de Dios y lo que representa: lo que nos habla a través de Su Palabra, nuestra relación con Él y nuestro deseo de modelar nuestra vida según lo que nos ha revelado en la Biblia.

Pero si fuéramos a analizar el carácter desde la perspectiva psicológica, no serían nada más que rasgos, costumbres y vivencias que forjan en el ser humano una manera de proyectar sus ideas y pensamientos, pero por otra parte, se encuentra el carácter de Dios en nosotros, que se basa en nuestro concepto de Él y lo que representa.

Por esa razón, para tener el carácter de Dios debemos alimentarnos de Su Palabra, intensificar nuestra intimidad con Él y modelar nuestra vida según lo que nos ha revelado en el secreto. El carácter de Dios en nosotros nos exige que optemos, con plena conciencia, por dejarnos transformar por el Espíritu Santo.

Ello implica tomar una y otra vez las decisiones morales acertadas hasta que obrar como corresponde fluya de manera agradable a Dios y nos resulte de lo más natural. Pero, para lograrlo, nuestra relación con el Eterno debe pasar de ser un monólogo a un diálogo.

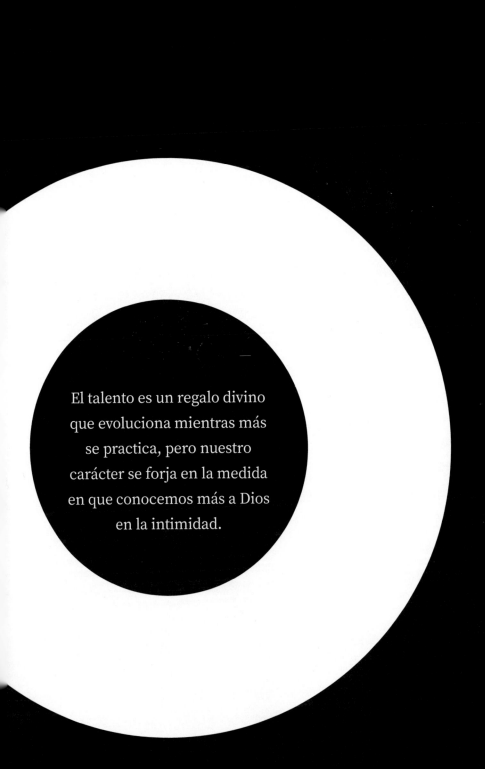

El talento es un regalo divino que evoluciona mientras más se practica, pero nuestro carácter se forja en la medida en que conocemos más a Dios en la intimidad.

El monólogo está basado en exponer algo ya aprendido y, luego de terminada la obra, se nos olvida el papel interpretado. Mientras, el diálogo fluye de manera natural, a través de la confianza que sentimos hacia quien nos dirigimos. Por eso es importante identificar el tipo de relación que tenemos con Dios.

Un monólogo repetirá solo lo que sabemos a partir de las experiencias de otros, pero cuando aprendemos a dialogar con el Padre, lo conocemos a Él y también a nosotros mismos en Él.

Recuerda que un diálogo consiste en hablar y escuchar, acercándote a Dios. No te enfoques solo en lo que quieres decir, sino también en oír lo que Él quiere expresarte. Al entender eso, nos damos cuenta de que el talento y el carisma nos podrán llevar únicamente donde nuestro carácter nos podrá sostener.

Debemos hacer un llamado a nuestros líderes de los últimos tiempos a llenar los púlpitos de menos talentos y más carácter. El talento es un regalo divino que evoluciona mientras más se practica, pero nuestro carácter se forja en la medida en que conocemos más a Dios en la intimidad.

La adoración es una
comunión continua
que te guía y conecta
con su voluntad.

III

Desde el origen

Toda
comparación
en el mundo
espiritual trae
rebelión.

Desde el origen

"Entonces dijo Abraham a sus siervos: Esperad aquí con el asno, y yo y el muchacho iremos hasta allí y adoraremos, y volveremos a vosotros". (Génesis 22:5, RV1960).

En la ley de la primera mención vemos el origen de la verdadera adoración.

La adoración está relacionada con el temor reverente a Dios, algo que se ha perdido hoy en día en nuestros altares. Por eso vemos grandes artistas que hacen un derroche de sus prodigiosos talentos al cantar o tocar un instrumento, pero están muy lejos de una genuina adoración.

Si leemos y miramos con una gran determinación, notaremos cómo inicia el proceso de la adoración.

Primero: Dios pide y tú das voluntariamente.

"Aconteció después de estas cosas, que probó Dios a Abraham, y le dijo: Abraham. Y él respondió: Heme aquí. Y dijo: Toma ahora a tu hijo, tu único, Isaac, a quien amas, y vete a tierra de Moriah, y ofrécelo allí en holocausto sobre uno de los montes que yo te diré". (Génesis. 22:1-2).

Segundo: La fe y el amor accionan y preparan cada detalle.

> *"Y Abraham se levantó muy de mañana, y enalbardó su asno, y tomó consigo dos siervos suyos, y a Isaac, su hijo; y cortó leña para el holocausto, y se levantó, y fue al lugar que Dios le dijo". (Génesis. 22:3).*

Tercero: La adoración es una comunión continua que te guía y conecta con su voluntad.

> *"Al tercer día alzó Abraham sus ojos, y vio el lugar de lejos". (Génesis. 22:4).*

Cuarto: En el proceso de la adoración los esclavos no avanzan, ni las emociones ni el intelecto ni la voluntad, es un acto espiritual.

> *"Aconteció después de estas cosas, que probó Dios a Abraham, y le dijo: Abraham. Y él respondió: Heme aquí". (Génesis: 22).*

Quinto: En el proceso de la adoración siempre la carga se coloca sobre el sacrificio, porque un adorador conoce la naturaleza del adorado. El adorador porta la Palabra y el Espíritu.

Respondió Jesús y le dijo: "El que me ama, mi palabra guardará; y mi Padre le amará, y vendremos a él, y haremos morada con él". (Juan 14:23).

¿Cuál es el origen de la adoración? Esa es una pregunta un poco difícil de responder o tal vez no nos hemos tomado el tiempo de formulárnosla.

Es cierto que nada existe porque sí, sino porque Dios tiene previamente un diseño para todo y la visión global. Aunque con el paso del tiempo la adoración se ha convertido en algo irrelevante en muchas de nuestras asambleas, sigue siendo lo más importante para Dios.

Por eso vemos que en cualquier lugar donde vamos, si solamente nos ponemos de acuerdo y hacemos todo para agradar al Padre, las cosas fluyen de forma distinta. La queja nos detiene y nos mantiene encarcelados y presos espiritualmente, pero **la adoración nos abre puertas y trae libertad.** (Hechos 16:26).

Creo que el tema se está poniendo sumamente interesante y la verdad es que quiero compartir todo lo que Dios me ha permitido aprender y experimentar al respecto. Por lo tanto, es necesario volver a la pregunta principal y para responder, tomemos en consideración una porción de la palabra.

Isaías 14:12 dice: "12 ¡Cómo caíste del cielo, oh Lucero, hijo de la mañana! Cortado fuiste por tierra, tú que debilitabas a las naciones. 13 Tú que decías en tu corazón: Subiré al cielo; en lo alto, junto a las estrellas de Dios, levantaré mi trono, y en el monte del testimonio me sentaré, a los lados del norte; 14 sobre las alturas de las nubes subiré, y seré semejante al Altísimo".

Después de estos puntos, es importante entender que cuando comienzas a compararte con alguien, estás empezando a preparar tu caída y a entrar en rebelión. Toda comparación en el mundo espiritual trae rebelión.

No te muevas de la asignación que Dios te ha dado, hasta que Él te hable y te diga que lo hagas.

No podemos seguir menospreciando la adoración. Un minuto de adoración en el Espíritu, vale más que diez sermones.

Lucifer tenía la dimensión del sonido por dentro. Cuando él adoraba se encendían las piedras, se paseaba por el fuego, pero pasó de ser un ángel de luz, a un caído, porque la envidia y la comparación provocan destitución.

Durante todos los años que Dios me ha permitido enseñar y liderar distintos equipos de alabanza y adoración, la competencia siempre ha sido uno de los temas claves a tratar, **porque entre adorar y ser adorado hay una línea muy delgada y a su vez peligrosa.**

En estos tiempos es muy fácil caer en las trampas del enemigo al desenfocarnos de nuestra asignación o hacer cada cosa de una forma tan mecánica que llegamos al punto de sentir que todo se limita a nuestra capacidad y méritos personales. Y es justo allí donde pasamos de adorar a ser adorados, ya que nuestros actos no ayudan a que otros vean a Dios, sino a nosotros mismos.

Hay un grave peligro para aquel que llega a olvidarse de que toda la gloria le pertenece a Dios. Donde hay altivez y orgullo, es señal de que se aproxima una caída. (Proverbios 16:18).

Una vez que Satanás cayó, Dios no se detuvo, sino que siguió con su plan maestro, porque se destituye la persona, no su plan. Aprovecho para decir que amo algo de Dios y es que su obra no se detiene, aunque los privilegiados hayan echado a perder la oportunidad de haber sido llamados para desempeñar su función.

La envidia provoca destitución.

Como líder he aprendido que Dios no trabaja con los que pueden, sino con quienes quieren obedecer sin cuestionar, **porque no llama a capacitados, sino que capacita a los llamados.**

Entonces trato de sumergirme hasta lo más profundo de la historia y empiezo a imaginar a Satanás como lo haría en el tiempo de hoy y creo que diría: "Yo soy el único que porta luz, yo soy el que mejor ministra la adoración y yo soy la única persona capaz de cantar, predicar, tocar, etc.".

Pero bendito sea Dios, cuyos planes son más altos que los de cualquier otro. **1 Pedro 2:9 dice: "Mas vosotros sois linaje escogido, real sacerdocio, nación santa, pueblo adquirido por Dios, para que anunciéis las virtudes de aquel que os llamó de las tinieblas a su luz admirable".**

Ahora Dios nos escogió a nosotros, no para cantar, sino para encender el fuego del altar. Somos sacerdotes y como tales hacemos sacrificios. Por eso, siempre debes dar sacrificio de alabanza y de adoración.

El Espíritu Santo vino a nosotros. Él sabe y conoce el sonido, el ritmo del cielo que Lucifer nunca identificó. Por eso, cuando

Dios hizo al hombre no le colocó instrumento por fuera y por dentro, como a Lucifer, sino que puso al Espíritu Santo dentro de nosotros.

Satanás conocía todos los sonidos, pero este no. Por eso nuestra asignación es sacar cánticos nuevos que él ignora. Por esta razón la alabanza es tan atacada, porque las tinieblas saben que si estamos en el Espíritu, vamos a sacar esos sonidos que Satanás no identifica.

Tu grado de madurez se refleja en tu nivel de adoración. Muchos están llenos de información, pero no tienen la revelación de lo que son la alabanza y la adoración, por eso es que Dios está en todos los lugares, pero no se manifiesta en cada uno de ellos.

Debemos revisar nuestro corazón y mantener una actitud de humillación ante Dios, siempre, porque ÉL solo hace ascender a los humildes de corazón. Nuestro objetivo a la hora de adorar debe ser que nuestro Abba se sienta atraído por el cántico genuino que salga de nosotros.

Adoradores que atraigan el corazón del Padre.

Dios no llama a los capacitados,
sino que capacita a los llamados.

IV

Identidad

Descubrir mi identidad en Dios
me hace servir con humildad.

Identidad

Sin lugar a dudas, la identidad ha sido uno de los temas más difíciles de tratar generación tras generación. Muchos vivieron toda su vida creyendo haber sido alguien que nunca fueron y otros rechazaron lo que debieron ser para simplemente encajar en un estilo de vida que no les pertenecía.

Las costumbres familiares y las enseñanzas de nuestros ancestros provocan, en cierta forma, un apego a lo conocido, aunque no sea aquello para lo que fuimos hechos.

Yo viví largos años haciendo cosas de la misma manera como mi padre me las había enseñado. Durante todo ese tiempo entendí que estaba siendo yo, porque aparentemente era feliz así y de una forma u otra sentía que honraba mis costumbres y las enseñanzas de mi padre, al actuar exactamente como él quería.

Recuerdo que una vez un amigo me preguntó: "Louima, ¿por qué haces esto y aquello?". Un gran silencio inundó el lugar, no sabía qué decir. Casi al minuto de pensar en la respuesta solo pude expresar: "¡Eh! Bueno, así lo aprendí en mi casa y es una forma de honrar nuestra cultura y costumbres familiares".

Ese momento embarazoso se quedó grabado en mi corazón y entendí que Dios lo permitió para despertar un gran deseo de buscar mi identidad, dejar de hacer, hablar, actuar e incluso de creer con base en lo que mis ancestros nos dejaron como costumbre y empecé a buscar hasta descubrir en la palabra algo que me llamó la atención.

Moisés vivió cuarenta años en la casa del Faraón creyendo que era egipcio. Al descubrir que estaba equivocado aconteció algo que lo motivó a irse del palacio a vivir otros cuarenta años respondiendo a sí mismo esta pregunta: **¿Quién soy yo?** Y Justo allí descubrió su identidad, en un monte donde apacentaba ovejas, haciendo cosas que nunca había hecho.

Al ver Dios que Moisés estaba listo, no solo para saber quién era, sino también para conocer el motivo de su existencia, lo llamó y le dio una misión. Fue así como Moisés vivió otros cuarenta años en el desierto, donde experimentó su verdadero propósito.

Así logré entender que mi identidad estaba escondida en Dios, no en mis costumbres. Es cierto que debemos andar por los caminos que nuestros padres han trazado, pero también es nuestra responsabilidad trazar nuevos senderos y dejar huellas.

Esto solamente se puede lograr cuando sabemos quién es Dios en nuestras vidas. Nadie sabe quién es sin antes conocer a Cristo. Era necesario que Moisés saliera de esas costumbres paganas e idólatras egipcias para encontrarse cara a cara con Dios y luego vivir sus últimos cuarenta años siendo la persona para la que había sido creado.

Muchos vivieron siempre creyendo haber sido alguien que nunca fueron y otros rechazaron lo que debieron ser para simplemente encajar en un estilo de vida que no les pertenecía.

Quisiera que a continuación tomáramos en consideración una de las conversaciones más intrigantes entre Jesús y sus discípulos, leamos Mateo 16: 13 al 19:

> *"Viniendo Jesús a la región de Cesárea de Filipo, preguntó a sus discípulos, diciendo: ¿Quién dicen los hombres que es el Hijo del Hombre? 14 Ellos dijeron: Unos, Juan el Bautista; otros, Elías; y otros, Jeremías, o alguno de los profetas. 15 Él les dijo: Y vosotros, ¿quién decís que soy yo? 16 Respondiendo Simón Pedro, dijo: Tú eres el Cristo, el Hijo del Dios viviente. 17 Entonces le respondió Jesús: Bienaventurado eres, Simón, hijo de Jonás, porque no te lo reveló carne ni sangre, sino mi Padre que está en los cielos. 18 Y yo también te digo, que tú eres Pedro, [a] y sobre esta roca [b] edificaré mi iglesia; y las puertas del Hades no prevalecerán contra ella. 19 Y a ti te daré las llaves del reino de los cielos; y todo lo que atares en la tierra será atado en los cielos; y todo lo que desatares en la tierra será desatado en los cielos".*

Lo que me impacta de esta plática es ver cuando a Pedro le fue revelada la persona de Jesús. En ese mismo instante también supo quién era él. **Él respondió: Tú eres el Cristo, el Hijo del Dios viviente.**

Esa misma revelación desató sobre Pedro el peso de su identidad y el gran porqué de su existencia. Jesús le dijo: "Tú eres Pedro y sobre esta roca edificaré mi iglesia". Pedro nunca supo quién era ni de lo que era capaz, tampoco entendía el significado de su existencia hasta que conoció y recibió la revelación de quién era Jesús.

¿Usted quiere conocer quién es? Pues, su identidad está escondida en la persona de Jesús. Cuando vivimos una vida de adoración ininterrumpida a Cristo, se nos revela nuestra identidad. ¿Usted quiere saber el gran porqué de todo lo que le acontece? No busque respuestas en el hombre ni en sus propias opiniones.

Cristo es la respuesta a toda pregunta y la solución a todo problema. Cuando me preguntan quién soy, solo sonrío y contesto lleno de gratitud en mi corazón las siguientes palabras: Soy quien Cristo Jesús dice que soy, en Él vivo, soy y existo.

Estoy donde Él me ha plantado y encuentro en Él la razón más importante de mi existencia, vivo para ser su hijo y para proclamar sus virtudes a toda criatura. Estoy firme en Él y no seré removido.

Recuerda que identidad no es un documento, tampoco es estudiar una carrera y tener un título que te diferencie.

No hay agua que limpie el polvo que te dejó el desierto en los pies. No lo escondas, no es falta de higiene, es la señal de que en el lugar donde debías morir, saliste victorioso.

Nunca escondas tus cicatrices, ya que Cristo resucitó, pero no se deshizo de las marcas en sus manos.

Hay muchos Tomás por ahí que esperan ver tus marcas para creer en el Dios que te llamó. A ti que me lees, quiero recordarte que no eres una casualidad ni un error. Eres exactamente lo que Dios quiso que fueras, es tu tarea descubrir quién eres y no juzgarlo ni culparlo si algo anda mal en tu familia o en tu vida personal, ministerial y profesional.

A Dios le interesa más que tú seas prosperado y bendecido, de la misma forma que lo hace tu alma, porque eres su hijo y te ama. Cualquiera que sea tu duda o incertidumbre sobre quién eres, no es un tema para preocuparse, pues solo hay que ir a la presencia del Padre y hablarle con sinceridad pidiéndole que se te revele.

Hay ocasiones en las que debemos dejar que nuestro Dios sea quien nos defienda, quien dé la cara y quien obtenga la victoria por nosotros. No se trata de una sobreprotección, sino más bien de su cuidado para con cada uno de nosotros.

V

Vuelve a casa

Nunca estaremos tan cerca del Abba que no podamos acercarnos un poco más, ni tan lejos que no podamos correr hacia sus brazos.

Vuelve a casa

Es importante entender que no somos huérfanos, tenemos un Padre y un hogar. Por mucho tiempo nos hemos alejado de todo aquello para lo que nuestro Padre nos preparó desde antes de la fundación del mundo, pero este es el tiempo en el que debemos volver a casa. El mejor ejemplo lo tenemos en una historia de la Biblia que compartiré con ustedes.

Citamos: Un hombre tenía dos hijos —continuó Jesús—. El menor de ellos le dijo a su padre: "Papá, dame lo que me toca de la herencia". Así que el padre repartió sus bienes entre los dos.

Poco después, el hijo menor juntó todo lo que tenía y se fue a un país lejano. Allí vivió desenfrenadamente y derrochó su herencia. Cuando ya lo había gastado todo, sobrevino una gran escasez en la región y él comenzó a pasar necesidad. Así que fue y consiguió empleo con un ciudadano de aquel país, quien lo mandó a sus campos a cuidar cerdos. Tanta hambre tenía que hubiera querido llenarse el estómago con la comida que daban a estos, pero aun así nadie le daba nada.

Por fin recapacitó y se dijo: "¡Cuántos jornaleros de mi padre tienen comida de sobra, y yo aquí me muero de hambre! Tengo que volver a mi padre y decirle: Papá, he pecado contra el cielo y contra ti. Ya no merezco que se me llames tu hijo; trátame como si fuera uno de tus jornaleros". Así que emprendió el viaje y se fue al encuentro de su padre. Lucas 15:11-31 **(Léelo completo).**

La gracia (Heb. Hesed) significa: recibir lo que no merecemos. En esta historia vemos tres personajes principales que son: el padre, el hijo mayor y el hijo menor. Este último tomó una decisión de cuyas consecuencias no tenía idea. Se fue con toda su herencia y dondequiera que llegaba había una fiesta donde malgastaba todo para disfrutar el momento.

Pero sabemos que lo único eterno es lo que viene de Dios. Ese joven se quedó sin nada y se encontró en la obligación de trabajar arduamente, mientras su orgullo no le permitía pensar en volver a casa. Los cerdos eran considerados como unos de los animales más impuros de esa época y el joven tuvo la necesidad hasta de quitarles la comida.

Esto es lo que pasa cuando nos vamos de casa. La palabra nos enseña que hay caminos que al hombre, al principio, le parecen bien, pero al final son caminos de muerte. En la historia bíblica relatada, al inicio todo era disfrute, gozo y muchos amigos, pero después, el joven se dio cuenta de que solo estaban ahí para disfrutar de lo que tenía.

La palabra misericordia (del griego *eleos*) tiene un significado muy importante: amor inquebrantable. En otras palabras, entendemos que la gracia es recibir lo que no merecemos, mientras que la misericordia es no recibir lo que sí merecemos.

Cuando el hijo decidió irse, el padre actuó de manera comprensiva, así como cuando decidió volver. Lo esperaba con los brazos abiertos.

El hermano mayor es la figura que muestra todo lo que deberíamos recibir por haber pecado, lo único que merecíamos, ha sido la muerte, pero bendito sea Dios, cuya dádiva es vida en abundancia.

Para volver primero debe nacer en nuestro corazón un sentimiento de hijo. Una vez que entendamos que en la casa de nuestro padre tenemos un hogar, podremos regresar todas las veces que experimentemos un arrepentimiento genuino.

Es impresionante que el hermano mayor siempre estuvo en casa, pero dada su mentalidad de siervo, nunca disfrutó de sus privilegios. Sin embargo, criticó al que logró entender la importancia de estar en casa.

Así hay muchos que critican y nos señalan por el simple hecho de haber desobedecido la voz del Padre, cuando su deber tendría que ser representar la misericordia que emana de su corazón.

> *Nunca estaremos tan cerca del Abba que no podamos acercarnos un poco más, ni tan lejos que no podamos correr hacia sus brazos. Dios no nos amará si cambiamos, nos cambia porque nos ama.*

No nos necesita como hijos perfectos, sino como hijos imperfectos en los brazos de un Padre perfecto. Nunca podremos hacer nada tan bueno que provocará que Dios nos ame más, ni algo tan malo que provocará que nos ame menos. Nos ama porque somos suyos, ovejas de su prado.

Somos hijos y es todo lo que nos da potestad en el cielo y en la tierra. Los hijos tienen privilegios, herencias, derechos y, sobre todo, son la imagen de su padre cuando está ausente.

Citamos:

30 "¡Pero ahora llega ese hijo tuyo, que ha despilfarrado tu fortuna con prostitutas, y tú mandas matar en su honor el ternero más gordo!"

31 "Hijo mío —le dijo su padre—, tú siempre estás conmigo, y todo lo que tengo es tuyo. 32 Pero teníamos que hacer fiesta y alegrarnos, porque este hermano tuyo estaba muerto, pero ahora ha vuelto a la vida; se había perdido, pero ya lo hemos encontrado".

> *Estos dos últimos versículos de la historia revelan una gran verdad, tal vez sencilla, pero a su vez profunda. La Biblia nos enseña en el libro de Éxodo 14:14 que Jehová peleará por nosotros y nuestro deber es quedarnos tranquilos.*

Me impresiona ver la poca fraternidad del hijo mayor, aun estando en una casa donde el padre siempre da ejemplos de amor y misericordia, no fue capaz de imitarlo. Eso nos hace entender que podemos estar juntos en una misma casa, aprender de un mismo padre y lamentablemente no significa que todos tendremos igual capacidad de manifestar perfectamente todo lo que nos han enseñado.

Es digno de resaltar que cuando el hermano mayor habló de esa manera despectiva, el menor no se atrevió a emitir ni tan solo una palabra. Yo podría creer que no lo hizo por vergüenza y por reconocer que de cierta forma su hermano tenía razón y, si así fuera, también podría decir que no la tuvo, puesto que en esa casa quien mandaba era el padre y si decidió celebrar nadie tenía el poder de decidir lo contrario. Bien, ya escuchamos el sonido de ambas campanas, pero aún siento que hay un acto más por valorar, que es el siguiente, el hijo pródigo **no se defendió.**

Hay ocasiones en las que debemos dejar que nuestro Dios sea quien nos defienda, quien dé la cara y quien obtenga la victoria por nosotros. No se trata de una sobreprotección, sino más bien de su cuidado para con cada uno de nosotros.

Llegarán momentos en los que nuestro ego nos querrá motivar a responder, a actuar, a defendernos, pero el ejemplo que nos dejó Cristo a través de esta parábola coincide con el salmista David en Salmos 46:10 **Estén quietos, y sepan que Yo soy Dios; Exaltado seré entre las naciones, exaltado seré en la tierra.**

Dejemos que nuestro Padre Celestial nos defienda y reconozcamos su grandeza. Quiero bendecirte con esa expresión: **"No te defiendas".** Dios se encargará de tus enemigos y de todos los que contra ti se hayan levantado. **Salmos 37:24, Cuando el hombre cayere, no quedará postrado, porque Jehová sostiene su mano.** Por más lejos que hayas ido, por más bajo que te hayas caído, siempre tendrás la oportunidad de volver a casa.

Te habla alguien que ha fallado muchas veces, he hecho lo incorrecto delante del Padre una y otra vez, pero así mismo he logrado entender que a veces es necesario tocar fondo para así entender la importancia, la anchura y la profundidad del amor de Dios por nosotros.

Por más que se intente lograr algo en la vida, si no es bajo la protección y la aprobación del Padre es imposible. Jesús dijo: (Juan 15:5) Yo soy la vid, vosotros los pámpanos; el que permanece en mí, y yo en él, éste lleva mucho fruto; porque separados de mí nada podéis hacer.

En casa somos completos, somos cuidados y somos amados.

Posiblemente eres de aquellos que alguna vez pidieron la parte de su herencia y se marcharon, pero hoy es necesario volver a casa. Para que todo cobre sentido, es necesario que tomes otro rumbo que te traiga **DE VUELTA A CASA**.

VI

El poder
del Perdón

Un herido que no ha
sido curado se convierte
en alguien que hiere.

El poder del perdón

21 Entonces se le acercó Pedro y le dijo: Señor, ¿cuántas veces perdonaré a mi hermano que peque contra mí? ¿Hasta siete?. 22 Jesús le dijo: No te digo hasta siete, sino aun hasta setenta veces siete. (Mateo 18:21; 22).

El perdón es uno de los temas más importantes que se deben tratar con nuestros jóvenes y líderes, porque una de las armas que el enemigo usa con mayor frecuencia para boicotear el propósito de alguien, son las heridas.

A veces nos hieren y al pasar el tiempo esa llaga aparenta ser imposible de ser curada. Peor aún es cuando nos herimos a nosotros mismos desvalorizando cualidades con las que nacemos, pues la falta de identidad hace que anhelemos más lo que otros tienen y menospreciemos lo nuestro.

Otras veces, se trata de heridas con las que crecimos, dígase un abandono o hasta el deseo de abortar que pudo haber tenido nuestra madre al enterarse de que estaba embarazada y que, por temor, entendió que esa bendición no llegó en el tiempo oportuno. Automáticamente, eso crea una herida en nuestro ser que genera autorrechazo, de modo que crecemos con una raíz de amargura y un sinnúmero de sentimientos negativos que a lo largo de nuestra vida salen a la luz. **Sin duda, un herido que no ha sido curado se convierte en alguien que hiere.**

Son tantas las veces que nos aferramos a la ofensa que pasamos por alto la virtud de perdonar.

La palabra "perdonar" viene del latín *"per donare"*: *per* (acción de) y *donare* (regalar, dar). Por lo tanto, "perdonar es acción de dar". El perdón debe darse continuamente y todas las veces que sean necesarias, así como el maestro lo enseñó en Mateo 18. Podemos verlo en inglés también, como *"for-give"* y sigue teniendo el mismo significado.

El perdón es un regalo que entregas, es una virtud, es la capacidad de poner la cura por encima de la herida, es darte a ti mismo la oportunidad de vivir libre de dolor y crecer en todas las áreas de tu vida.

Son tantas las veces que nos aferramos a la ofensa que pasamos por alto la virtud del perdón.

No perdonar es como tomarte un vaso de veneno y esperar que la persona que te hizo el daño sea quien muera; es cortarte las alas con las que deberías volar. No perdonar no es un homicidio, sino un suicidio.

Perdonar es un perfume encantador, puede transformar lo peor de tu vida en un milagro inesperado. Sin duda alguna, el perdón trae mayor beneficio para el que ha sido herido. El perdón no cambia el pasado, pero ilumina el camino hacia el futuro, en fin, es la venganza más dulce.

A mi esposa le gustan los documentales. Un día la vi observando un episodio en el que se hablaba de algunos asesinos que marcaron la historia de la humanidad, algo fuera de lo normal.

Y mientras observaba, me di cuenta de que los episodios comenzaban hablando de esos chicos con tanto positivismo que me llamó la atención, ya que hoy son considerados asesinos. Quién diría que los más aplicados y sencillos del colegio tenían toda la disposición de convertirse en la peor versión de sí mismos.

También vemos un resultado similar en la gran mayoría de los que hoy denominamos como homosexuales, prostitutas y ladrones. Eran personas aparentemente normales, pero con una herida oculta que luego fue infectada y trajo consigo acciones de impacto negativo en sus vidas y las de las personas que los rodean.

Volvemos a preguntarnos: ¿Qué les pasó? ¿Por qué han cambiado tanto? Es doloroso, pero fue la reacción de un corazón lastimado y desatendido lo que causó que esa herida se agravara; una violación que nunca salió a la luz ni siquiera fue cuestionada, ya que el violador tenía más importancia en la familia que la persona afectada.

Y, ¿sabes qué? Esa herida fue pudriéndose hasta convertirse en lo peor con lo que una persona podría vivir. Otras veces el daño fue dirigido hacia algún pariente en presencia de un niño que no debió verlo. Así, ese niño crece con un plan de venganza en su corazón hasta que se convierte en noticia negativa en todo el mundo.

Aún estamos a tiempo de impedir que las heridas opaquen la luz de bondad que existe en nuestros corazones. Perdonar es una virtud que poseen pocas personas, pero también es un regalo que todos podemos cultivar por amor a nosotros mismos.

> Aún estamos a tiempo de impedir que las heridas opaquen la luz de bondad que existe en nuestros corazones.

Perdonar es un
perfume encantador
que puede transformar
lo peor de tu vida en un
milagro inesperado.

Crecí en un hogar cristiano, aunque lamentablemente con una madre ausente, ya que ella y mi padre se separaron cuando yo tenía apenas meses de haber nacido. Durante mi niñez, todo estuvo bien hasta que, ya en la adolescencia, descubrí que la mujer que me crió era mi madrastra, a quien le estaré eternamente agradecido.

Al pasar los años, el *bullying* y el alias "huérfano" me acompañaron. El Día de las Madres para mí era un infierno, cada vez que llegaba al colegio y veía a todos declamando poesías de amor para sus madres. Aunque yo lo hacía para mi madrastra, siempre tenía en mente muchas interrogantes, como: ¿por qué me abandonó? ¿Será cierto lo que dicen? ¿Es verdad que ella nunca me quiso? Éstas y otras preguntas cada día me encerraban en un mundo oscuro y sin salida.

Mi manera de llorar era escribiendo, ya que temía que me preguntasen la razón de mis lágrimas. Así que mi cuaderno y bolígrafo me acompañaron en todos estos procesos difíciles de mi vida. Al cumplir los 15 años tuve la oportunidad de conocer a mi madre. Nunca había visto una foto ni recibido una llamada ni nada que me pudiera mantener en contacto con ella durante tantos años.

Nos vimos aquel día y me dije: "Ciertamente, nos parecemos", pero mi orgullo y las heridas de larga data me vencieron. No sonreí y ni siquiera pude darle un abrazo, sino que me aparté rápidamente. Durante un mes intentamos entablar una conversación, pero eran tantas las preguntas que las respuestas no parecían ser justas ni suficientes.

Nos volvimos a encontrar un año después, pero tampoco fue porque lo deseáramos, sino debido al terremoto más devastador de la historia de Haití, ocurrido en enero de 2010, a consecuencia del cual murieron más de trescientos mil personas.

Tuve que emigrar a la República Dominicana y debido a la secuela que había dejado el terremoto, el viaje supuesto a realizarse en un día tardó casi tres, sin comer ni dormir. Mientras los meses pasaban, acumulaba más odio y furor hacia mi madre, pero tuve que vivir con ella durante varios años. Mi negativa al perdón me hacía ver espinas en vez de rosas en todo lo que ella decía o hacía.

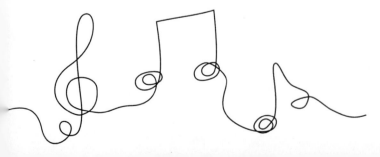

No dejaba de buscar oportunidades en la música con tal de ser reconocido y salir de esa casa para nunca volver a verla, pero nada de eso ocurrió. La situación permaneció inalterable hasta que un día, en la iglesia, alguien predicó acerca del perdón y tuve la sensación de estar desnudo. Sentí que Dios me estuvo hablando, que mi apariencia de piedad y humildad al fin fue hallada falsa y en mi cabeza retumbaba incesantemente la frase: "Tienes que perdonar a tu madre".

Esta sensación se mantuvo hasta la noche. Intenté distraerme con los jóvenes luego de la reunión y eso tampoco ayudó. Traté de llegar tarde a casa, con la esperanza de que uno de mis hermanos me abriera la puerta y de que mi madre estuviera dormida, pero cuando toqué lo que temía aconteció: ella abrió.

Al mirarla a los ojos hubo una conexión tan inexplicable que las lágrimas no se hicieron esperar. Ambos llorábamos como niños. Aún sigo peleando dentro de mí, pero a la vez, yo estaba cansado de vivir así. Los "por qué" se acentuaron aún más, pero el perdón no se rindió. Así que con la voz entrecortada le dije: "Te perdono y te pido que me perdones".

En ese instante nos abrazamos y seguimos llorando aún más. Allí pude recuperar los dieciséis años perdidos, ver bondad donde solo pensé que había odio y hoy escribo estas líneas recordando lo bueno que ha sido Dios.

No perdonar es como tomarte
un vaso de veneno y esperar
que la persona que te hizo el
daño sea quien muera.

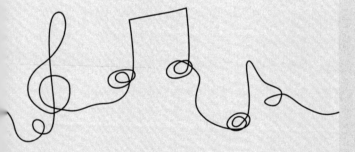

Ahora no busco oportunidades con nada de lo que Dios me ha entregado, pues todo me ha sido dado por gracia. Ya no tengo necesidad de aparentar lo que no soy, porque Dios me permitió descubrir la belleza de simplemente ser hijo.

Lo repito una vez más; **perdonar es un perfume encantador, puede transformar lo peor de tu vida en un milagro inesperado**. Sin duda alguna, el perdón trae mayor beneficio para el que ha sido herido. El perdón no cambia el pasado, pero ilumina el camino hacia el futuro.

Oro para que Dios te dé el favor de perdonar, no solo a los que te hirieron, sino también a ti mismo por haberte encasillado en esa jaula donde el dolor y amargura han sido tus mejores aliados. Te mereces más que eso, mereces ser feliz, estar donde Dios te ha llamado.

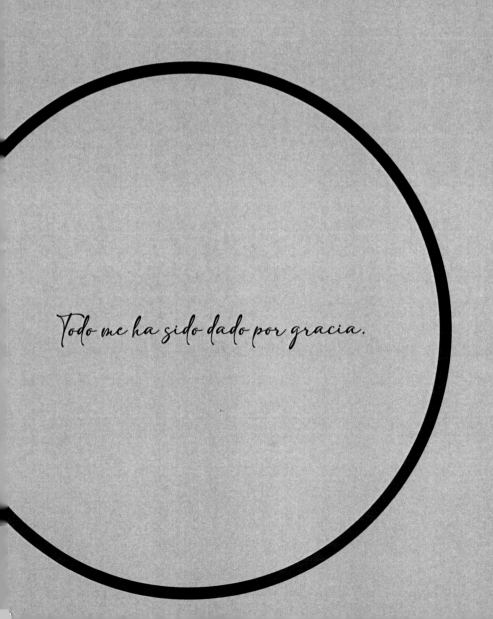

Todo me ha sido dado por gracia.

Hoy, comienza a cultivar esa escasa virtud de regalar perdón, principalmente a los que aparentemente no se lo merecen. Al hacerlo, te darás cuenta de que todo ha sido por y para ti.

Dando es como se recibe. Perdona a alguien hoy y recibirás el mayor perdón, el que viene de nuestro Dios.

Cuando era niño le pregunté a mi padre: "¿Por qué Jesús pidió perdón por sus agresores si se supone que debió condenarlos?". Él me respondió: "Si ves atado a un animal feroz en una posición donde podría sufrir grandes daños, lo desatarías sin pensar en lo peligroso que es y que luego podría atacarte". En otras palabras, nunca cambies tu naturaleza de bondad cuando seas golpeado por los que aún siguen atados por el odio y el resentimiento.

El perdón no cambia el pasado, pero ilumina el camino hacia el futuro.

Escribe en tu corazón
estas palabras finales

Como líderes, ministros y personas eminentes es necesario tomar en cuenta que nuestro tiempo de servicio tiene fecha de caducidad.

Fuimos llamados para una misión y, una vez cumplida, se debe tener la humildad suficiente para pasar la antorcha, no sea que te aferres tanto al llamado que pases por alto a quien te llamó.

Nunca te creas imprescindible, porque el mismo Dios que llama, también destituye y vuelve a establecer a quien quiera.

En otras palabras:
**"Por más Moisés que seas,
Dios siempre tendrá a un
Josué para reemplazarte".**

Cales Louima

Autoanálisis

¡ El corazón adorador que está en mí !

¿Cuáles áreas de tu vida te comprometes a mejorar?

¿Cómo aplicarás lo aprendido en este libro a tu vida espiritual?